쓸쓸해서 견딜 만합니다

쓸쓸해서 견딜 만합니다

이성배 시집

고두미

■ 일러두기
본문에서 >는 단락 공백 표시로 쪽이 바뀔 때 연이 새로 시작된다는 뜻입니다.

□ 시인의 말

이 별에 사는 동안
목소리가 들릴 정도로
가까운 곳을 지나가는 사람과
잠시 이야기를 나누고 싶을 뿐.

그것이 당신이면 좋겠다는 생각.

2024년 9월
이성배

| 쓸쓸해서 |
| 견딜 |
| 만합니다 | 차례

제1부

달팽이 ___ 13
차별 없이 ___ 14
지긋지긋한 봄 ___ 15
봄밤 ___ 16
봄날 간다 ___ 18
때문이다 ___ 20
쌍곡계곡 그 어름 ___ 21
원산 해변 ___ 23
여름은 너무 얇은 모서리를 지녔으므로 ___ 25
여백이 넉넉한 쓸쓸한 것들 ___ 26
반려 식물 ___ 28
한 평 부추밭 ___ 29
버려진 세계 ___ 30
서리 ___ 32
빈 들 ___ 33
빈 주머니에 ___ 34
달을 밀어 올리던 아이들 ___ 36

제2부

파렴치	41
함부로 안부를 묻지 않았으면 좋겠어	42
투명한	44
구관조	46
나이 오십	48
무섭고 슬프고 쓸쓸한	50
손톱달	51
낯선 전화	52
신호수	54
너무 자주 피곤하므로	56
나비	58
구안저수지	59
슬픔이 적당히 뽀송뽀송한 부엌	60
까치설	62
아이와 노인이 있는 풍경	63
연리목	64
부재중	65

제3부

선문답 ___ 69
모른다는 듯 ___ 71
어암슈퍼 ___ 72
그들이 왔다 ___ 74
안좌도 초록 기별 ___ 76
초록 폭약 ___ 77
독거獨居 ___ 79
섬 무화과나무와 아이 ___ 80
저녁은 쓸쓸해서 견딜 만하다 ___ 82
환절기 ___ 84
엄마 말씀 ___ 86
이 씨李氏 ___ 87
장수군에 다녀오다 ___ 88
기다리는 것은 끝내 오지 않을 것이므로 ___ 90
늦은 저녁 ___ 92
환경미화 ___ 93
쾅쾅 ___ 95

제4부

가볍게 뛰어서 저녁이	____ 99
노을이 번질 때	____ 100
꽃씨	____ 101
슬픔이 슬픔 같지 않다	____ 103
함께 노래를	____ 105
종종 비를 기다리는 사람	____ 107
절여지지 않는 슬픔	____ 108
지랄 염병 난장판에	____ 110
그래서	____ 112
비밀결사 '고구려'	____ 114
자본주의식	____ 116
선진국 국민	____ 118
황금 레시피	____ 120
괜찮은 느낌	____ 121
함경북도에 한번 가보고 싶다	____ 123
별금다지꽃	____ 125

제1부

달팽이

비 온 뒤 달팽이 한 마리가
아스팔트 그 긴 길을 입에 물고 놓지 않는다.

길 위에서 죽은 뭇 생명의 명복을 비는 일
짓뭉개진 의미를 되살려 보려는 일
다시 인간이 인간을 사랑하게 하려는 일

말문이 탁, 막히는 순례!

지축을 흔들며 덤프트럭이 지나갔다.

차별 없이

어둠이
밀물처럼 차오르는
혹한의 저녁

따뜻한 어느 나라에서 왔을 젊은 부부가
꼭 끌어안은 채 낡은 오토바이를 타고
검은 빙벽을 피해 달려간다.

멀지 않은 곳에 따뜻한 밥이
그득하길

노동하는 인간에게 차별 없이
따뜻한 밥을!

지긋지긋한 봄

산골짜기 마을에
봄볕 들었다.

구순 가까운 노구가 호미를 쥐고
천천히 길을 나선다.

"지긋지긋해라, 원
 이게 도대체 몇 번째 봄이여!"

길가에 오래된 참나무가
애써 모른 척 하늘 보고 긁적긁적한다.

봄밤

세 사람이 봄밤을 걸어간다.
외국 말을 쓰는 아이 목소리가 아주 멀리까지 가서
하얗게 손을 흔들며 제 엄마와 아빠를 부른다.

일을 마친 부부와 아이는 서로를 오래 생각한 눈빛
백목련이 이렇게 피었으리라.

아이는 차고 건조한 구릉의 살구나무 꽃눈을 깨우던
희고 부드러운 바람을 목소리에 넣어 왔다.

가난이 따뜻한 이유는 이 별의 온갖 빛깔을
몸에 품을 수 있기 때문이다.

세 사람은 좀 늦은 저녁을 먹고
모국에서 가져온 차를 마시며 웃다가 꼭 끌어안은 채 잠이 들 것이다.

빛이 빛을 가리지 않고 어둠이 어둠을 가리지 않아

무엇이든 보이는 것이 맨 앞
세상의 모든 처음과 닮았다.

봄날 간다

낡은 유모차에 폐지를 싣고 도로를 역주행하는 저 노파 오늘의 압권이다.
아래를 지날 때마다 가로수 벚꽃이 센서 등처럼 환해진다.

이 화창한 봄날, 삼백오십 원*이 간다.

보이는 것 모두
마트 할인전단지처럼 빼곡하게 빛나는 봄
골목의 백목련과 도로변의 벚꽃이 모두 수많은 사본寫本 중의 한 장 아닌가.

저, 유서 깊은 거두절미去頭截尾
거침없이 종이상자의 테이프를 잘라 뜯어내듯
봄날의 형형색색 비닐 포장을 뜯으며 간다.

노동이여.
안녕, 세계여!

밑도 끝도 없이
이 환장할 봄날이 간다.

*지역마다 시기마다 다르겠지만, 2022년 청주 지역 폐지값은 1kg에 70원 선이었다.

때문이다

녹이 핀 대문과 그 안에 사는 사람이
누추해 보이지 않는 것은

마을 언저리
찔레꽃이 피었기 때문이다.

얼마든지 환한
오월 산빛 때문이다.

당신의 뒷모습이
누추하지 않은 것은

누군가 차려주었던 따듯한 밥상
그 밥 한 공기 때문이다.

쌍곡계곡* 그 여름

꿈속인 듯 혼자 얕은 계곡에서 발 담그고 놀다가
식당에서 밥을 먹었는데 식당 이름은 기억나지 않고
음식을 하는 할머니와 주문을 받는 앳된 손녀만 또렷하게 생각납니다.

속리산 자락이 막 사람의 마을 근처까지 내려와
계곡의 물은 버들치가 발가락을 간지럽히기 전까지
온종일 잠을 잘 수 있을 것처럼 맑았습니다.

꿈속을 오가는 사람들이 간간이 들르는 식당에
오늘따라 손님이 많아 손녀는 계속 할머니를 부릅니다.
꼭, 할머니를 먼저 부르고 대답을 듣고는 말을 전합니다.
밥을 먹는 내내 은은한 향기, 밥이 달았습니다.

물빛 산빛 어룽거리는 오후, 손녀는
설거지를 마치고 나온 할머니가 말없이 어깨를 다독여 줄 때까지
식당 밖 긴 의자에 앉아 하염없이 길 쪽을 바라보았습

니다.
 깜빡 여섯 명 일행의 밥값을 받지 못했습니다.

 앳된 손녀가 할머니, 할머니, 부를 때마다 그 말 꽃 냄새. 사람이 사람을 부르는 말이 이렇게 향기로운 줄 처음 알았습니다.

 *충북 괴산군 칠성면에 있는 계곡.

원산 해변

뒷모습이 보이는 나와
그 모습을 바라보는 내가 한번 마주한 적 없듯
해무가 짙어 땅과 바다를 분간할 수 없는 날에는
소리를 따라가야 한다.

소리로 빛을 감별하는 몇몇 사람들은 해송 숲을 가로질러 갔고
보이는 것만 믿는 사람들은 해송 숲 언저리를 서성거렸다.

흘러 내려온 것들과
밀려 올라온 것들이 켜켜이 쌓인 해변
야트막한 모래언덕에서는
머리칼과 수염에 온통 실타래가 묻은 사내가
삭정이를 손에 쥐고 해무를 돌돌 말고 있었다.

눈앞에 모든 풍경이 또렷하게 보인다 해도 그곳이
시작이나 끝은 아니겠지만

>

   흘러 내려온 것들과 밀려 올라온 것들이
   서로 맨 앞 야트막한 턱에 켜켜이 쌓이는 모래언덕
   나는 뒷모습이 보이던 나의 행방을 잃어버렸다.

여름은 너무 얇은 모서리를 지녔으므로

읽다 만 책을 펼치는데
책갈피 사이의 그림엽서가 바닥으로 떨어졌다. 툭,
능소화 꽃이 지는 순간

꽃이 피는 모습을 본 적이 없으므로
나는 외롭다.

세계와 나와 능소화 꽃이
곡진한 서사 속에서 사랑을 완성하기도 전에
꽃이 졌다.

여름은 너무 얇은 모서리를 지녔으므로
세상에 진부하지 않은 사랑은 없네.

능소화 꽃 모두 지고 나면
우린 모르는 사이처럼 그 돌담 앞을 스쳐 지나갈 것이다.

여백이 넉넉한 쓸쓸한 것들

　사람의 말이 사람을 위로하는 시대는
다시 오지 않을 것이다.
　잿빛 플라스틱 의자가 "삼삼은 구"라고 말하든
기마자세를 하든 진부해졌다.
　기마자세를 하고 "삼사 십이"라고 말하는 인간이 진부해졌다.

　다만, 쓸쓸함이 목까지 차오른 새는 망설임 없이 날아올라
　그 저녁 같은 느낌이 발목까지 잦아질 때까지 하늘을 날다가
　지상으로 내려앉는다.

　'새'라고 말할 때는 보이지 않는 새의 형상이
　햇빛이 나무를 통과할 때 비로소 수없이 반짝인다.
　그 저녁 같은 시간에 울음소리를 한숨 건너뛴 새들은 비로소
　나무가 된다.

\>

  쓸쓸함은 세상 만물이 제 모습을 처음 마주 볼 때 생기는 어룽거림

  해는 지고 깜깜해지기 전 잠시

  세상의 모든

  여백이 넉넉한 쓸쓸한 것들.

반려 식물

길고양이
골목의 노인
얼룩덜룩한 햇살

멸치조림
너무 신 파김치
밥풀이 딱딱하게 굳은 밥그릇

부라보콘
희미한 명왕성
이 별을 떠나지 못하는 인공위성

오늘 저녁은
명왕성을 생각하며, 혼자
밥을 먹는다.
쓸쓸함은 푸른 잎이 넓어 내가 아끼는 반려 식물이다.

한 평 부추밭

한 평 남짓 부추밭에
찌그러진 우주가 비스듬히 내려앉아 있다.

그 둥근 모서리에
고추잠자리가 날개를 접고 앉아
이리저리 큰 눈을 돌리며 명왕성을 찾는다.
얼추 다 온 듯 날개 가장자리가 많이 닳았다.

흰 달이 뜬 저녁에는
청개구리가 발바닥을 착 붙이고 앉아
밤새 조금씩 자세를 고쳐가며 달을 놓치지 않는다.
달까지 가는 중이다.

뚜껑 없는 한 뼘 우주 속에 하얀 부추꽃

어느 종種들은 숨을 놓을 때
잠시 부추꽃으로 피어
별을 환하게 한다고 한다.

버려진 세계

케이지 속의 닭처럼 온종일 일하고
쉬는 날엔
일하듯 백화점을 둘러보고 일하듯 끼니를 때우는 자기
소모의 세계

오랜 궁리 끝에
답을 구하려고 했던 단어를 맨 앞에 두는 순간
모든 문장은 다시 미궁

안개 자욱한 가을 아침, 자동차로
한적하고 구불구불한 길을 달려본 적 있는가?

고구마를 심었던 밭에서는 고구마 이삭을 줍고
콩밭에서는 콩 이삭을 줍더라.

허리 굽은 노구는 개여뀌 꽃이 핀 밭둑을 찬찬히 걸으며
말라가는 풀 냄새, 흙냄새가 배는 것도 모르고
옴팡지게 가을볕을 쬐더라.

>
  새끼들이 살점을 갉아먹으며 비운 염낭거미의 몸처럼 텅 빈 세계
  한 평 독방에서 코를 골며 자더란다.

서리

시퍼런 칼날처럼 벼려진 새벽

푸른 것은 푸른 대로
마른 것은 마른 대로

함성은 함성대로
침묵은 침묵대로

의미는 의미대로
거짓은 거짓대로

해가 뜨길 기다려
빛나는 종전선언이 있을 예정이다.

어깨에 총을 멘 병사들은 줄지어 막사로 돌아가
길고 긴 잠에 빠질 것이다.

어머니, 이제 좀 주무세요.

빈 들

싸락눈 내리는 겨울 아침
빈 들에서
콩 이삭을 줍는다.

온전히 나의 의지로
허리를 숙이고
팔을 뻗는 동작을, 나는
처음 해보는 것이다.

빈 들 이쪽저쪽을 그냥 걷기도 하고
그만 해도 되고
더 해도 되고
하늘만 올려봐도 되고

나는 어쩌자고
인간이 버린 별에서
간절하게 나를 만나는가.

빈 주머니에

   골다공증처럼 차고 시린 면 소재지 겨울밤
   마을로 닿는 길들은
   폈다 접은 주름처럼 어둠이 더 깊고
   막차에서 내린 외지 사람은 어둠이 보일 때까지 한동안 서성이게 된다.

   밤새 불 켜진 파출소에는
   낡고 헤진 생生들이 떠밀려 오기도 하는데
   해 줄 수 있는 것이라고는
   따뜻한 커피 한 잔과 함께 갸륵한 술 냄새를 질편하게 맡으며
   인간의 전성기, 마디 굵은 토막말을 가만가만 들어 주는 것.
   막걸리같이 텁텁한 이야기가
   타닥타닥 불꽃을 날리며 모닥불을 피운다.

   불꽃 사위고 빈 포대 같은 생이 헐겁게 돌아설 때
   허리춤에 찬 권총의 방아쇠를 당길 때마다 총구에서 옥

수수 알이나 땅콩 알
  씨앗들이 소복소복 쏟아진다면
  그것을 그의 빈 주머니에 슬쩍 넣어주고 싶었다.

달을 밀어 올리던 아이들

 아이들은 골방 쥐처럼 뒷산을 오르내리며 고주박과 관솔을 물어 날랐고 날마다 부모에게 대보름날을 채근해 묻고는 온 동네를 헤벌쭉 쫄방쫄방 뛰어다녔다. 부모들도 잠시 시름을 윗목으로 밀쳐두는 눈치였다.

 "망울이여!" 봉화가 오르듯 "망울이여!" 이 집 저 집에서 신호를 받은 농민군이 일제히 달려 나가듯 아이들은 개울로 내달렸다. 온 동네를 샅샅이 뒤져 어렵사리 찾아낸 맞춤한 깡통도 앞서거니 뒤서거니. 댕그르르 황도, 백도가 구르고 꽁치가 뛰니 고등어도 뛴다.

 벌써 깡통에 불을 피우고 휭휭 망울을 돌리는 아이, 연기만 나고 불이 붙지 않아 서러운 울음이 터진 아이, 철사를 헐겁게 묶어 깡통이 휙 날아가 버린 아이, 경황없이 깡통을 돌리다가 뒤에 선 아이 이마빡을 때린 아이……. 불덩이가 윙윙 돌 때마다 조무래기들의 명랑한 얼굴이 환해졌다.
 >

조무래기들이 제방에서 망울 돌리는 모습을 보고 어른들은 더 열심히 농사를 지어야겠다고 다짐했을 것이다.

반대편 제방에 아랫마을 망울이 나타나면 누구누구 할 것 없이 더 목청을 돋우고 있는 힘껏 망울을 돌렸다. 머리카락 타는 냄새, 옷 타는 냄새, 향긋한 관솔 냄새. 커다란 분유 깡통을 쉥쉥 돌리던 형들이 벼르고 벼르던 적과 마주한 듯 비장하게 "망울이여!"를 외치며 망울을 던졌다. 불씨를 흩뿌리며 우랑아도 날고 복숭아도 날고 거침없이 꽁치 고등어가 날았다. 이 와중에 뒤로 날아가는 깡통, 땅바닥에 부딪히는 깡통, 지난 장날 산 잠바 등짝에 촘촘히 별을 박는 깡통.

코흘리개부터 거뭇거뭇 수염이 자라기 시작한 반 청년까지 쉴새 없이 달을 밀어 올린 아이들은 난발에 손과 얼굴이 모두 검댕투성이. 두 눈이 까무룩까무룩 해져서 터덜터덜 제집으로 돌아간 아이들은 하룻밤에도 키가 한 **뼘**씩은 자라 부모들의 시름을 덜어주었다.

제2부

파렴치

해마다 개체 수가 늘어나는 산속의 멧돼지와 고라니가
능선을 달리거나 풀숲을 겅중겅중 뛰다가
저희끼리 맞부딪혀 죽는 일이 없는 것은
한순간도 삶의 절박함을 잊지 않았기 때문이다.

유구한 종교와 이념도 미덥지 않아
콘크리트 장벽과 철조망을 세우고도 빵과 물이 절박한 것은
인간이 이 별의 우세종*이 되었기 때문이다.
파렴치 때문이다.

*특정 시기에 어떤 종의 수량이 많아지거나 세력이 커져 지배적인 비중을 차지하게 되는 현상.

함부로 안부를 묻지 않았으면 좋겠어

택배가 도착했어.
짐작은 하고 있었지만 모든 일은 갑작스럽지.

조그만 상자에 설마 넉넉히 담기는 삶이 있겠어?
마당으로 던져 주세요.

암호화된 수신인을 확인했지만 내가 모르는 단서가 있을 것 같아
지문이 남지 않도록 노련하게 라벨을 떼.

하지만 지난 일들과 그때의 감정을 감쪽같이 없애는 것은 불가능해.
낙인을 두려워하는 이유는 이처럼 간단명료하지.

욕실 청소를 해야겠다는 생각을 깜빡 잊었어.
세제의 종류가 너무 많아. 어느 것도 완벽하지 않다는 의미로 이해했어.
>

날씨가 좋다고 해야 할지 나쁘다고 해야 할지 난감해.
딸기는 이제 한겨울이 제철이야. 말문이 막히지.
 의사는 다시 한번 들르라는 말과 함께 3일치 약을 처방해 주었어.

 너는 무언가 우울한 눈빛이라 신경 쓰여. 하지만 나는 꼼꼼하게 라벨을 떼 버렸거든.
 함부로 안부를 묻지 않았으면 좋겠어.

투명한

입김을 호호 불어가며 신문지로 유리창을 닦으면
하늘과 미루나무와 바람이 얼마나 선명했던지
그때 내 키는 미루나무*와 비슷했어.

사는 일이 어쩜
종이상자에 차곡차곡 담긴 공병처럼 가지런한지
운이 좋다면 일곱 번 재활용된 술병을 들고
처음처럼 사랑을 속삭여 볼 수도 있겠어.

초록 잎사귀에 맺힌 이슬처럼, 투명하게
그 배경을 반짝이게 하던 시절은 다시 오지 않을 거야.
우린 불행하게도 다시 가난해질 수가 없잖아.

우리가 반성 없이 사는 동안
우린 너나 없이 투명해져서
이 텅 빈 생애는 또 얼마나 끔찍한지.

*신작로나 들판에서 보았던 미루나무는 사실 '양버들(Italian black poplar)'이었다.

구관조

관객들 앞에서 사육사의 말을 곧잘 따라 하던 새가 있었어.
온 가족이 모여 TV를 보다가 3대가 같이 킥킥대는 시간이었지.
구관조는 아직 이 별에 살고 있을까?
안녕, 구관조?

박치기왕 김일 선수에 대해 들어본 적은 있니?
(나이를 묻는 것으로 오해했다면 미안해.)
박치기 한방으로 나쁜 놈들을 나뒹굴게 만든 프로레슬러
감정 조절에 서툴렀던 아이들은 있는 힘껏,
벽장 벽을 들이받는 바람에 밤새 반듯하게 누워 찬 수건을 올리고 있었지.

우리 집 텔레비전을 실은 용달차가 먼지를 날리며
신작로를 달려오던 날이 기억나.
네 다리로 반듯하게 서서 여닫이문을 닫고 있던 금성 텔레비전

봄날 툇마루에서 듣던 할머니의 옛날이야기가 시들해지고 말았지.

안녕, 구관조?
이야기는 사라졌고 관객은 다시 돌아오지 않을 거야.
우린 각자 이 별에 혼자 남겨졌을 뿐이야.

나이 오십

지퍼를 올린다.
생활은 앙다문 어금니처럼 단호해서 비집을 틈이 없고
생살이 집힌 기억은 항상 목울대 근처
지퍼 손잡이처럼 맨 앞보다 조금 뒤에 서 있었을 뿐
용감하게 살지는 못했다.
짐짓 묻어가기로 한 거지.

학교에서도, 살면서 만난 어떤 사람도
어떻게 사는 것인지 알려주지 않았어.
 짐짓 모두 아는 눈치였으므로 감히 물어볼 엄두가 나지 않았지.
 그들은 정말 알고 있었을까?

가끔 한밤중에 잠이 깼는데
아무 이유 없이 눈물이 주르르 흘러 베갯잇을 적시거나
혼자 걷는 중이었는데 갑자기 이빨이 더덕더덕 떨릴 때
내 삶의 가난한 셋방에
갑자기 주인이 찾아와 한심하다는 듯 이리저리 살림을

살피는 느낌이랄까?
 꼼꼼히 여며온 시간이 툭 터질 것 같은 불안이 엄습했어.
 나에게는 다른 대안이 없었거든.

 날씨가 추워졌어. 건강 챙겨.
 다리 벌어지면 끝이야.

무섭고 슬프고 쓸쓸한

옥상 올라가는 바깥 계단 한 걸음 쉬어가는 평평한 곳
햇빛과 바람이 무성한 덕분에
꽃과 나무 화분이 여럿

나는 자라는 모습이 참 좋고
아내는 몇 개씩 열매를 따는 것이 참 좋고

빗물이 튀고 바람이 들고난 계단 틈에
붉은 털실 한 가닥이 걸렸는데
어찌어찌하여 꽃부터 밀고 나온 노란 채송화

나는 떨리고 소중하고 감사하고
아내도 떨리고 집이 소중하고 일찍 발견한 것이 감사하고
'쏙' 뽑아 바닥에 던져두었다.

저 중생과 나는 잠시 동행일 뿐!
종교나 이념이 사람을 꽃처럼 대하는 것을 보지 못했다.

손톱달

발굽이 모두 닳은 생生들이
무엇을 어떻게 해보겠다는 눈빛도 없이
저녁 여섯 시 긴 분침을 밀고 있다.

음성에서 합류한 36번 국도가 청주에 다다를 즈음
시청/대전★세종 방향을 일러주는 이정표 그 갈림길 사이에
누군가 손톱으로 꾹 눌러놓은 표시

떠밀리며 떠밀려가면서
마지막까지 부여잡고 버텨보던 흔적

손톱달이 떴다.
밝고 좁은 틈으로 누군가 휙 지나갔다.

낯선 전화

내가 낯선 전화를 받았던 것은
다시 인연을 이어가고 싶은 사람이 있기 때문이다.
 - 서울중앙지검 김○○ 수사관입니다.
KB은행에서 개설한 통장이 범죄에 연루되어……
 - 저, 경찰인데요. / 뚜~

내가 낯선 전화를 받았던 것은
팔도 어딘가 분명히 내가 모르는 조상님 땅이 있다고 믿기 때문이다.
 - 안녕하십니까? 고객님. 원금 보장형 골프장 회원권에 투자해 보시라고……
 - 저, 기초생활수급 받고 있는데요. / 뚜~

그래도 내가 낯선 전화를 받았던 것은
누군가에게는 내가 '희망'일지도 모른다는 생각 때문이었다.
 - 고객님, 이번에 저희가 최신폰 행사를……
 - 저, 휴대폰 가게 하는데요. / 뚜~

　믿어 의심치 않고 내가 낯선 전화를 받았던 것은
　누가 내 이름을 불러주었으면 하는 쓸쓸함 때문이었다.
　- 동근이냐? 삼례 당고모여.
　- 할머니, 그분 전화번호 바꿨어요. 여긴 청주에요.
　- 어째 다른 사람이 나온다냐? / 뚜~
　(삼례 당고모님은 한 번 더 전화를 걸었다.)

　이면지 같은 쓸쓸함에 적는다.
　'당신을 만나고 싶습니다.'

신호수

서 있다.
세워졌다.

멈추라는 것이다.
비켜 가라는 것이다.

잘못 본 것이다.
못 본 것이다.

자동차 한 대 속도를 줄이지 않고 달려, 달려온다.
"어, 어어, 어어어!" *(다급하게 장풍과 강력한 마법을 걸어보지만)*

땡볕 도로 턱에 앉아 졸고 있는 신호수여.
손에 쥔 붉은 깃발이 양탄자처럼 하늘을 나는 듯
가끔 잡은 손에 힘을 준다.

다/다다/다/ 우린 서로 다른 모스 신호를 사용하고 있는

지도 몰라.
  그러나 간식으로 나온 빵을 크게 한입 베어 문 아릿한 자국
  호모사피엔스 사피엔스!
  "어휴 씨부랄, 오늘 뒈지는 줄 알았네."

너무 자주 피곤하므로

고장 난 휴대용 라디오에 대한 고객센터의 친절한 답변은
"내장 배터리 수명은 2년이에요. 5년이면 무척 오래 쓰셨네요."였다.
마트에서 나를 위해 소고기를 산 것은 처음이야.
기름기가 적어 좀 퍽퍽한 척-아이롤 부위
30%나 할인을 하더군.
본능을 확인하는 정도라면 내 이빨은 아직 튼튼하니까.
오늘 점심은 좀 엄숙했어.
냉장고에서 소고기를 꺼내고
가스레인지에 프라이팬을 올리는 동안
소음이 거의 없는 평일 오후 골목은 명도가 너무 높아서 집중하기 힘들었지.
한 번 뒤집은 조각에서 핏물이 스며 나올 때쯤 불을 껐어야 했는데
육즙과 기름이 엉겨 검게 타고 말았어. 속을 알 수가 있어야지 원.
입 안 가득 고기를 넣고 질경질경 씹었어.

단백질이라고 추측했는데 슬픔이 먼저 스며 나왔어.
코끝 스치는 바람에서도 같은 냄새를 맡은 기억이 있지.
슬픔을 기반으로 만든 배터리가 안정성이 높은 이유를 알겠어.
하지만 소모의 끝이 있다는 게 얼마나 다행이야.
우린 너무 자주 이유 없이 피곤하거든.

나비

연노랑 나비 한 마리 공원 연못가 긴 의자에 앉아
날개를 접었다 폈다 한다.

낡은 연립의 1층 살고 5층 사는 사이
여기저기 아프고 혼자 사는 사정이 같은 사이
서로에게 바라는 것도, 내어 줄 것도 없는 사이
가끔 서로의 현관문을 크게 두드려 볼 때가 있는 사이

매일 같은 시각 산책을 나와 같은 곳에서 쉬다가
가벼울 대로 가벼워져서
일어나는 김에 나풀나풀 날아오른다.

돌아가시는 중이다.

구안저수지*

하지夏至 가까운 산골 저수지에는 초록이 한 짐

피라미와 날 벌레가 산과 물을 오가다가
너무 멀리 왔다 싶은 곳에 물발자국을 찍는다.

서로 제 모양이라 할 만한 게 없어
피라미 떼는 상수리나무 사이를 헤엄쳐 다니고
날벌레는 싱싱한 물속 동굴을 천천히 날아다닌다.

서로 제빛이라 할 만한 것도 없어
새소리도 푸르고 산보다 넓은 적요도 푸르다.
따로 흔적을 남기는 것들이 없으니 시간은 알 수 없다.

오래전 읍내 초상집 다녀오는 길
장마 물에 물발자국을 찍은 큰아버님도
자작나무 숲속에서 조등을 켜고 안부 전해왔다고 했다.

*충북 음성군 원남면 구안리에 있는 작은 저수지.

슬픔이 적당히 뽀송뽀송한 부엌

설거지를 마친 부엌은 슬픔이 적당히 뽀송뽀송하다.

국그릇과 밥공기처럼 바닥 깊은 그릇은
슬픔이 고이기 쉬워 가지런히 엎어 놓아야 한다.
바닥이 더 깊고 너른 냄비는
그 집안의 쓸쓸한 내력이 곰국처럼 엉겨 붙기 쉬워서
엎어 놓거나 뚜껑을 덮어 놓아야 한다.

평생 가난했던 어머니는
사는 일이 고되고 퍽퍽할 때마다
부엌문을 잠그고 포개어 놓은 그릇들 사이사이 적갈색 싹을 따며
서럽게 울었다.

평평한 그릇에는 기쁜 일 소복하게 담아내고
우묵한 그릇에는 힘든 일 넉넉하게 담아내던 것이 어른들의 지혜였으나
그래도 부족하여 천천히 먹어라, 천천히 먹어라,

담긴 게 무엇이든 사람을 상하게 한다는 걸 넌지시 일러 주었다.

늙은 아내가 섬마을 친정에서 가져온 사기 밥사발 하나
밥 담길 때보다 우물물 담길 때가 더 많았다는 허기의 내력
물기 있는 것을 담기에는 슬픔만 한 그릇이 없다.

까치설

찾아올 사람 없어도
불이 켜지는 세상 모든 집에서
철 냄비에 기름을 넉넉히 두르고
노릇노릇 음식을 익혔으면 좋겠다.
배시시 웃음이 났으면 좋겠다.

달력 종이에 잘 포개둔 음식이 식고
방안의 모든 것이 눅눅해지려 할 때
문밖으로 펑펑 함박눈이 내렸으면 좋겠다.

오늘은 그랬으면 좋겠다.

아이와 노인이 있는 풍경

여자아이와 노인이 다정하게
손을 잡고 걸어간다.

여자아이는 다른 손에 풍선을 묶은 실을 쥐었고
노인은 지팡이를 잡고 있다.

가는 길이 아주 멀지는 않을 것이다. 그 사이
아이는 매일 새로운 것을 할 수 있게 될 것이고
노인은 할 수 있었던 것을 하나씩 내려놓게 될 것이다.

노인은 아이가 넘어지지 않게 앞을 살피고
아이는 언제 풀릴지 모를 매듭을 꼭 쥐고 있는데
아이는 아직 그걸 몰라서
노인에게 아이스크림을 사달라고 조르는 중이다.

노인은 바닐라 아이스크림 색 점퍼를 입었고
아이는 짙은 노랑 티셔츠에 쪽 색 치마를 입었다.
함께 걷는 길이 아주 멀지는 않을 것이다.

연리목

아이가 생기지 않았던 가난하고 착한 부부에게 사람들은 박복하다고 했습니다. 상주 어느 마을에 살던 부부는 단출한 세간을 지게에 지고 조령을 넘었습니다. 남매처럼 서로 이마를 닦아주며 하염없이 걷다가 도착한 괴산 땅 갈론 골짜기. 부부는 함께 일하러 나가고 함께 거친 밥을 먹고 함께 달을 바라보았습니다. 산골짜기에는 서리가 일찍 내리곤 했습니다.

"반찬 좋아하는 임자는 다음 생에 젓가락으로 태어나게나."
"국물 좋아하는 당신은 다음 생에 숟가락으로 태어나세요."

부부가 죽은 뒤 뒤뜰에 있던 감나무 두 그루가 서로 몸을 기대더니 한 몸이 되었습니다. 해마다 그 아래 어린 감나무가 돋았습니다. 사람들은 감나무만 남은 그 터에 돌담을 세워 주었고 그곳을 '감나뭇집'이라 불렀습니다.

부재중

고향이 어디냐고 물을 때마다 마땅치가 않습니다. 다른 별에서 온 사람이 없으니 모두 같은 고향입니다. 난감한 차에 진지하게 '남조선'이라고 말할 때도 있었고 좀 거창하게 '명왕성'이라고 대답한 적도 있었습니다. 그렇게 대답하면서 어느 해 여름 막 피기 시작한 칡꽃의 연보라 색을 떠올리기도 했습니다.

단순히 대화의 목록이 빈약하다든가 기술이 부족한 문제는 아닌 것 같습니다. 차라리 창밖으로 떠오른 흰 달과 머리칼을 가볍게 흔드는 바람을 이야기하고 싶었습니다.
나이 들어 요령이 생긴 것이 있다면 친절하게 '부재중' 안내문을 걸어 놓는 것입니다. 바람 쐬러, 달 보러 고향 갑니다.

제3부

선문답

팔십 평생 앞장서 걷던 父와 뒤따라가기 벅찼던 母가 늘그막에야 나란히 앉는 일 잦아지더니 툭툭 주고받는 게 선문답이다.

(좌측에는 오래된 단층 마트/우측에는 신축한 3층짜리 마트)
"엄청 크게 지었네."
"안쪽이 넓은 게비네유."
"검은색 강판으로 올리니께 더 커 보여."
"나는 암만 봐두 녹색으로 보이니 이놈의 눈이 자꾸 침침한 게 죽겠네."

좌측에 앉은 母와
우측에 앉은 父는 각자 차 창밖을 보며 척척 통하는 중

자식을 위해, 마을을 위해, 나라를 위해 안 해본 일 없으므로
父와 母는 이제 겨우

각자 자유롭다.

귀가 약간 어두운 父와 눈이 약간 침침한 母가 또 일갈!
"옛날에는 저 큰 걸(고인돌) 어떻게 옮겼는지 원."
"포크레인(고창중기)으로 옮겼겼쥬."
명료하시다.

모른다는 듯

별무늬아파트 앞 공터
이른 봄 새벽부터 호미질 소리
부스럼 심한 우주의 등짝을 긁는 소리

인간이 쓰고 버린 이 별을
반짝반짝 쓰다듬고 있는 것 모른다는 듯
철학, 경제학, 자본주의는 아예 모른다는 듯

새벽부터 저 자그마하고 둥근 우주
한 번씩 허리를 폈다 접었다
무얼 심을 모양인데

몇 해 전만 해도 저 자리는 다른 별이 운행하던 곳
그나저나 저 우주도 이젠
늙었다.

어암슈퍼

가을에 설레는 사람을 만나기로 했다면
이런 곳이 좋겠다.

맑은 개울을 따라 이어지는 한적한 지방도
담장 없는 마당은 은빛 개울과 단풍, 그 너머 하늘까지 경계가 없다.
양철판에 직접 페인트 글씨를 써 걸은 '어암슈퍼'
파는 물건보다 주인 내외 살림이 더 많다.
가을에는 세상 만물이 모두 세 들어 산다.

안주인은 마당 수돗가에서 끝물 고추를 씻는 중이고
마당을 어슬렁거리다가 지청구를 듣는 영감의 걱정은
점심 무렵 집을 나간 개가 해거름에도 돌아오지 않는 것

팔순 안주인이 끓여 내온 컵라면을 마당 평상에 앉아 먹는데
소녀 같은 안주인이 "짐치가 션찮쥬?" 한다.
바람 몇 가닥이 목구멍으로 함께 넘어갔다.

\>
　가을에 설레는 사람을 만나기로 했다면
　세든 이들이 딱히 무얼 건든 것이 없는
　이런 곳이 좋겠다.

그들이 왔다

트랙터로 고구마를 캔 삼천 평 드넓은 고구마밭
밭둑에 햇빛 들 듯 그들이 왔다.
보행기 밀고 호미 들고 그들이 왔다.

물이 편한 짐승이 물에서 움직이듯
흙 속에서 귀신같이 이삭 고구마를 찾는 그들

옆을 보고 나면 호미질이 점점 빨라지는 그들은
지금이 전성기
(어깨 아프다더니 순 거짓말이여.)

극적인 평화협상처럼 다 같이 일어나기 전에는
누가 먼저 옴짝달싹하지 않을 것이다.
(말 많은 저 노인네, 오늘은 입에 지퍼를 달고 온 겨?)

해가 노구들의 굽은 등을 타고 넘어도
밥은 모두 먹고 왔을 것이고
이상하게 배가 고프지 않을 것이고

둘째가, 며느리가 고구마를 그렇게 좋아할 것이다.
(오늘 아주 끝장을 보는 겨 뭐.)

안좌도 초록 기별

섬에
혼자 사는
늙은 장모가
작년 가을 비탈밭에 꾹꾹 눌러 쓴 기별이 도착했습니다.
마늘 촉이 돋았답니다.

"사는 게 징헐 것인디, 징헐 것인디."

이번 주말 아내와
왕복 600km 전남 신안군 안좌도에 다녀올 생각입니다.

일렁이는 바다
점점이 꾹꾹 눌러 놓은 마늘쪽, 섬
짠맛 하나로 자식들을 키운, 사람들
아리다.

"암시랑토 안혀. 참말로 암시랑토 안혀.
　느그들만 잘 살믄 돼야."

초록 폭약

붉은 글씨로 큼지막하게 '화',
'위험물' 경고판까지 부착한 위험한 1톤 트럭이
위험한 빗길을 위험하게 내달린다.

적재함에 차곡차곡 실린 초록 폭약이 비를 맞으며
세차게 나부끼는 모습이, 일촉즉발—觸卽發!
다른 차들은 놀라 피해 가기 바쁘다.

오랜 봄 가뭄 끝 단비라
이 별의 시작도 이렇게 분주했으리.
수염 뽑힌 시아버지가 눈을 찔끔하는 사이
전속력이다.

저것이 무논에 꽂히는 순간, 연쇄 폭발! 순식간에 논바닥이
푸른 숨으로 만숨만숨*할 것 아닌가.

좀 가난했던 저녁에는

밥상이 뒤집혀 폭발하기도 했는데
잎이 돋고 꽃이 핀 자리는 또 얼마나 뜨거웠던 것이냐.

가장 눈부신 폭발이 있던 자리에 만물의 숨이 트인다.

*좋은 기운이 가득하다는 의미/어감으로 만든 조어.

독거 獨居

하늘색 페인트를 칠한 지붕과 오래된 흙벽과
반쪽이 항상 열려 있는 녹슨 대문이 일가一家다.

'고요'라는 글자를 분간할 수 있을 만큼 고요한 집에는
늙은 안주인이 혼자 사는데
이제 어지간한 것은 버렸거나 헛간 어디쯤 걸려 있을 것
이다.

불러도 대답 없으면 마실 간 줄 알라는 듯
그래도 대답 없으면 들에 간 줄 알라는 듯
다시 불러도 대답 없으면 먼 길 떠난 줄 알라는 듯

빈 마당 뜨락 위, 오후 해를 쪽지만 하게 접어
지팡이로 눌러 놓았다.

섬 무화과나무와 아이

햇빛에 오래 그을린 섬마을 양철지붕 같은 사내와
진작 바람에 흔들려 마디가 먼저 굵은 빈집 울타리
무화과나무를 닮은 사내아이가
해거름 식당에 들어와
아무 설렘도 없이 제육볶음 하나와 공깃밥 두 개를 주문했다.

넓게 드러난 뻘밭처럼 오가는 말 없이
사내는 가끔 소주를 입에 털어 넣고
제법 머리가 굵은 아이는 스마트폰을 찬그릇에 기대놓고 보면서
여름 긴 오후 같은 밥술을 뜬다.

삶에 대해, 희망과 용기에 대해
무화과 잎처럼 파릇파릇 설명해 줄 사람 있는가?
뻘밭에 묶여 비스듬히 바다를 향해 있는 작은 배
바다로 나갈 수 있을까?

>

양철지붕 벌겋게 녹이 슨 빈집
울타리에 시퍼렇게 잎을 단 섬 무화과나무
울 너머 **뻘밭**에 비스듬히 박혀 있는 작은 나무배
수없이 별이 뜬 까만 밤
"아야, 그만 자야제."

저녁은 쓸쓸해서 견딜 만하다

당신이 나의 배후인 것을 당신은 알지 못하므로
어느 때 내가 당신의 배후였던 것을 나도 알지 못했으므로
달과 이 별이 한번 와락 안아보지 못하는 것처럼
너무 멀지도 가깝지도 않게
당신과 나 생생生生하다.

오래전 이 별의 저녁은
새끼들을 부르는 어미들의 싱싱한 목소리 때문에 푸른 기운이 오래갔다.
(병만아~ 김치수제비 했는데 네 놈 것만 라면 끓였어. 이놈아)
(신영아~ 이놈아, 어디를 처간 겨. 오늘 괴기 반찬 했어.)

등짝을 후려 맞거나 머리를 쥐어박혀도
비 온 뒤 콩처럼 쑥쑥 자라던 아이들이 하나둘 떠난 뒤
그림자는 그림자의 배후가 될 수 없으므로
이 별의 저녁은 쓸쓸해서 견딜 만하다.

\>
　저녁은 배후 없는 투명한 것들이 깃드는 시간
　쓸쓸함은 떠난 것들의 목소리를 담을 수 있는 몸을 가졌다.

환절기
― 송이버섯 나는 자리는 자식에게도 알려주지 않는다

산에 다녀온 김 씨 앓아누웠다.
"아들아, 아버지가 몸져누우셨다. 한번 다녀가거라."
"갑자기 어디가 아프세요?"
"수십 년 송이밭을 누가 다녀갔다는구나."

어머니 전화를 받고 서울에서 내려온 아들
"아버지, 일어나세요. 그 송이 제가 땄어요."
(눈이 휘둥그레진 김 씨, 놀라 일어나 앉는다.)
"아니, 그게 무슨 말이냐?"
"어릴 때 아버지 따라갔던 기억이 나서 한번 가봤습니다."

"그때 어린 너를 데려갔던 것은 귀한 것을 보여주려 함이었지 그곳을 너에게 일러준 것은 아니었다."
"아버지, 저도 이제 오십입니다."
"내가 너무 오래 산 거냐?"

"그래 송이는 얼마나 땄느냐?"

"먹을 만큼 땄습니다."
"어쨌냐?"
"직장 사람들하고 먹었습니다."
(말문이 막히고 어안이 벙벙한 김 씨)
"내년부터는 삼가겠습니다."
"이미 부정 탔다."

"애야, 어떻게 하면 좋으니 네 아버지가 식음을 전폐하셨구나."

엄마 말씀

 옆집 상수네는 큰 밤나무가 있었고 다른 옆집 오영이 형네는 오래 묵은 옹아나무가 있었다. 동네 집들은 대추나무, 앵두나무, 감나무, 살구나무 중 한 그루씩은 과일나무가 있어 과일이 익을 때는 없는 살림까지 환했다. 그러나 우리 집은 뒤뜰에 개나리와 장미 넝쿨만 무성해 인내심을 키우기에 좋은 환경이었다.

 어려서 수양이 부족했던 나는 장날을 손꼽아 기다리며 엄마를 졸랐다. 엄마가 고추, 마늘, 참깨, 콩 등속을 보자기에 쌀 때마다 다짐을 받아내긴 했는데, 오후 내내 엄마를 기다리다가 장고개 그늘에서 설핏 잠이 들기도 했는데, 강아지처럼 앞뒤로 겅중거리며 엄마의 장 보따리를 어서 풀어보고 싶었는데, 맥이 탁 풀리면서 세게 투정을 부릴 찰나, 엄마 말씀. "사과 장수 죽었어!" 다음 장날에는 배 장수가 죽었고 다음 장날에는 복숭아 장수마저 죽었다. 엄마가 장에 다녀온 날마다 과일 장수가 죽어 나갔다. 맹모삼천지교孟母三遷之敎, 약과다. 내 어머니는 장날마다 과일 장수를 모조리 해치우며 나를 키우셨다.

이 씨 李氏

형틀 목수 이 씨, 이제 힘에 부친다.
여간해서 잘 박히지 않는 대못 대가리처럼
한여름 오후 해는 쨍쨍하구나.

그래도 언제 한 번쯤 얻어걸리겠지.
남들처럼 옴팡지게 운이 한번 터지는 날이 있겠지.
맥없이 휙 구부러지기 전에
망치질하는 대로 딱딱 아귀가 맞는 날이 오겠지.

일당 시간 다 마치지 못하고
작업복 등짝에 소금 지도만 몇 장 그린 이 씨

빈속에 막걸리 몇 잔 채우는 사이
망치로 잘못 때린 엄지손톱처럼 까맣게 밤이 오고
돌아가는 길, 로또 판매점 불빛이 환하더라는데
"판매 시간 끝났습니다."
끝났구나, 끝났어.

장수군에 다녀오다

청주에서 두 시간 남짓 아무 연고도 없는 장수군에 간 것은 가을, 장날이었기 때문이었다. 서로 당기는 힘 사이에 붉은 지점이 있다는 듯 사과가 온통 빨갛게 익고 있었다. 사람과 풍경 사이가 맑은 장터에서 쟁반 가득 반찬이 담긴 6천 원 밥상을 배불리 먹고 새콤달콤 붉어져서 면 소재지에 서점이 두 곳이나 검색되는 곳. 전라북도 장수군 장계면 장계리로 가기로 했다.

붉고 단단한 사연이 있겠구나. 창가 쪽엔 빛바랜 책들이 오래전 가격으로 꽂혀있고 시집 코너에는 장수 시인이 꾹꾹 눌러쓴 시집이 있을 것이다. 장계리 골목을 아무리 두리번거려도 있어야 할 곳에 서점이 없다. 골목 끝에 걸린 바람은 꽤 오래 풀려나오기만 했고 햇살 비낀 골목이 좀 서늘해졌을 무렵 '장계서점' 안주인과 전화가 닿았다. 이제 서점을 안 한다는, 책도 안 팔리고 할아버지도 팔십이라는, '정해당서점'도 할아버지 돌아가시고 거기도 안 한다는. 생활은 희망과 너무 가까워 서로 붉어지지 못하는구나.

\>

이 고장 사람들은 내년 봄, 다시 사과꽃 솎는 일로 바쁠 것이다. 사는 일에 서로 당기는 힘만 있는 게 아니라는 듯 들판이 온통 노랗다.

기다리는 것은 끝내 오지 않을 것이므로

학재골 양반이 젊었을 때
담장 옆에 심었다는 벚나무 한 그루. 덕분에
가난한 아침이 빛났다.
오가는 사람들 이마가 희었다.

오며 가며
그것이 바람이었겠구나.
그것이 세월이었겠구나.

큰 나무가 집에 해롭다는 지청구를 듣는 학재골 양반
기다림의 완성은 기다린 것이 끝내 오지 않는 것이다.

속이 비고 여기저기 가지가 썩은 나무
그림자까지 모두 거두는 데 반나절
나머지 반나절은
금 가고 허물어진 담장을 매만졌다.

노을이 마을 안쪽 우물이 있던 자리에 닿을 때쯤 겨우 허

리를 편 학재골 양반
"금방이네. 금방이여."
기다리는 것은 끝내 오지 않을 것이므로

늦은 저녁

법전에는 없는 문장. 그러나 김 씨가 자식 넷을 너끈히 키운 조문.
"사람이 그러는 거 아녀."

저녁 차리기 전 금방 다녀온다고 나간 김 씨가
달이 높게 뜨도록 돌아오지 않자 식구들이 찾아 나섰다.

물어물어 찾아간 젊은 사장에게
밀린 두 달 치 월급을 두고 무슨 말 오갔느냐고 통사정 따져 물으니
법대로 하라고 했다는데.

힘 있는 사람끼리는 알았다는 말이지만
힘없는 사람에게는 가장 서글픈 말

새벽녘 축축해져 돌아온 김 씨
식구들은 졸아붙은 된장찌개를 데우고 아무 말 없이
좀 늦은 저녁을 먹었다.

환경미화

지구에서 가장 외로운 생물이 맹동파출소 마당에 살고 있다.

2억 년 전,
중생대 쥐라기와 백악기에 일족과 함께 번성했지만
공룡이 멸종하고 시름시름 혈족이 멸한 뒤
홀로 살아남은 은행나무강 은행나무목 은행나무과의 유일한 종種.

버금가는 쓸쓸한 종이 있다면
자신이 사는 별을 정복해버린 인간이다.
그 이름 사랑과 자유를 의심할지어다.

꽃과 열매를 봄가을 나뭇잎과 같은 색으로 다는 고독한 나무와
비질하는 것을 귀찮게 여기는 종種이 공존했는데
2억 년 묵은 이야기 가지를 서슴없이 자르더니
아름드리 기둥은 차마 두려워 건드리지 못하더라.

>
　35만여 종의 다른 빛과 향기를 머금은 이 별에서
　종種들이 하는 짓 중에는 같은 종을 서슴없이 살육하는 일도 있는데
　종들은 이것을 '환경미화'라고 했다.

쾅쾅

하,
어머니

자꾸 꿈에
네 아버지가 말소리는 안 나오는데 자꾸 뭐라고 하면서
팔을 잡아끌길래
안 간다고 버티다가 꿈에서 깨는데 그때마다 이렇게
이빨이 빠져서 서걱거리는구나.

긴 장마와 폭염을 버틴 마당의 감나무가
조막만 한, 시퍼런 감을 툭툭 떨굽니다.

옥상 바닥이, 마당이 가슴팍인 듯 대신 쿵쿵 받아내면서
뒤척뒤척 잠 못 드는 밤.

누군가 대문을 쾅쾅 두드립니다.

제4부

가볍게 뛰어서 저녁이

산 그림자가 저수지 건너편 둑에 막 다다를 무렵
한 걸음 가볍게 뛰어서 저녁이 온다.

일 나갔던 세상의 모든 아버지와 어머니가
이렇게 돌아왔으면 좋겠다.

달려 나오는 아이들을 한 명씩 꼭 안아주었으면 좋겠다.
인간이 인간을 품에 안는 이 시간에는
가난과 전쟁도 연기처럼 사라지고 온기만 남길.

맛있는 음식이 아니어도 좋다.
희망이 아니어도 좋다.
오는 것들은 아무렇지 않게 한 걸음 가볍게 뛰어서 오라.

노을이 번질 때

어머니를 떠올리는 시간이었으면 한다.
부끄러움이 되살아나는 시간이었으면 한다.

하나둘 손에 든 무기를 땅바닥에 던지고
집으로 돌아가는 시간이었으면 한다.

집 밖으로 쏟아져 나온 아이들의 깻잎 같은 웃음만으로도
충분히 환한 시간이었으면 한다.

꽃씨

열두 살 딸아이가
앞머리를 내리더니 부쩍 거울을 본다.

부리에 노란 기운이 남아 있는 딱새 새끼가
둥지에 올라서 머리를 까딱거리고 있는 모양이다.

까딱까딱 꽃망울이 필 때는
햇살과 세상의 향기를 조금 더 멀리 옮겨줄
살짝 바람이 불었으면 좋겠다.

폭격으로 폐허가 된 집과 병원과 학교에 제일 먼저
하얀 꽃 노란 꽃이 피고
부리에 묻은 씨앗이 폭격기가 이륙한 땅까지 번져
세상의 모든 아름다운 말과 모양과 의미가
향기로운 꽃으로 피어나길 희망한다.

아이들과 여성과 노인이 있는 자리에는
떨어지던 폭탄이 꽃잎이 되어 흩날리길 희망한다.

>
걸어서 학교를 오가는 딸아이의 종아리나 어깨에 꽃씨가 묻어 있는 것을 보았다.

슬픔이 슬픔 같지 않다

슬픔이 슬픔 같지 않다.
자유가 자유 같지 않다.
사랑이 사랑 같지 않다.

탱크와 총을 앞세워 올리브나무들을 뿌리째 뽑아버린 어린 이스라엘 군인들이
겁에 질린 아이들을 안은 채 울음이 터진 팔레스타인 가장을 향해
킥킥거리며 손가락질하는 능멸과 야만에 대해 슬픔이
슬픔 같지 않다.

멈추지 않는 가자지구의 집단학살에 대해
오, 빛나는 자유민주주의여!
수없이 투하되는 가공할 자유, 사랑이여!

밥 넘어간다. 술술 넘어간다.
우리 뭐 먹을까요? "아무거나"
>

이제 당신과 나를 구분할 수 있는 시대는
다시는 오지 않을 것이다.

함께 노래를

도로변 은행나무가 노랗게 물든 소슬한 가을 저녁
아이와 함께 소아병원 가는 길 자동차 안
파리나무십자가소년합창단*의 목소리입니다. "오, 마리!**"

팔레스타인 가자지구에서도 노래를 불러주렴.
밤새 폭탄이 떨어지는 난민촌***
숨을 곳도 떠날 곳도 없는, 아이들과 여자들이 평화롭게 죽어 가.

빵과 물, 전기와 기름도 없어.
아픔과 죽음이 없으므로 약도 필요 없는 곳
이렇게 아름다운 폐허를 본 적이 없어.

아이들이 재잘대던 학교가 있던 자리에서
환자들의 말을 오래도록 들어주던 병원이 있던 자리에서
노래를 불러주렴.

치우지 못한 잔해 속에서
흙먼지를 뒤집어쓴 아이들이
얼굴에 피가 말라붙은 아이들이 하나둘 걸어 나와
손에 손잡고 노래를

하늘을 날던 폭격기가 종달새가 될 때까지
하늘을 가르던 폭탄이 꽃씨가 될 때까지
이 별의 처음 목소리로 함께 노래를

* 1907년 창단된 프랑스의 소년합창단. 세계 유일의 아카펠라 소년합창단. 2차 세계대전 때 프랑스의 포로수용소에서 공연. 천사의 목소리로 불린다.
** 2018년 4월 프랑스 노트르담 대성당 화재를 극복하고자 하는 사랑과 희망을 담은 노래
*** 2023년 11월 1일 이스라엘은 가자지구의 라발리아 난민촌에 수천 kg의 폭탄을 투하했다.

종종 비를 기다리는 사람

2003년 3월 20일 새벽 5시 34경 이라크인들이 융단 같은 잠 속에 있을 때. 미국의 CNN 뉴스 화면 속에서는 꼬리 긴 섬광이 연이어 하늘로 날아올랐고 지상에서는 속절없이 소보루빵 같은 폭발이 일었다. 비명과 울음, 죽음이 소거된 TV 화면은 흥미진진한 볼거리를 제공했다.

시간이 흘러 2022년 2월 24일, 다시 한번 미사일이 날아올랐고 인간과 죽음에 대한 감정이 필터링 된 영상은 손바닥에서 안락하게 재생되었다. 장미꽃과 택배를 배달해 줄 것 같았던 드론은 폭탄을 매달고 발버둥치는 지상의 인간을 제거했다. '구독!', '좋아요!'를 눌러주세요.

현실이 가장 비현실적인 나날 중 2023년 4월 16일, 팔순의 아버지는 고향 텃밭에 옥수수 모종을 심었고 종종 비를 기다리며 하늘을 올려다보았다. 84일을 기다려 잘 여문 옥수수를 꺾던 아버지의 표정은 옥수수 알보다 희었고 제일 먼저 찐 옥수수를 쟁반 가득 근처 아들네 집으로 가져왔다.

절여지지 않는 슬픔

〈야생생물 보호 및 관리에 관한 법률〉 제2조 5항
'사람의 생명이나 재산에 피해를 주는 야생동물로서 환경부령으로 정하는 종種'을 유해 동물이라 한다.

까치의 두 발목을 잘라
그것을 증표로 포상금을 받던 시절이 있었다.
포획한 고라니의 꼬리를 잘라
그것을 증표로 포상금을 받던 시절이 있었다.

인간은 인간을 사랑했으므로
전공戰功의 증표로 조선 사람의 목을 베어 일본으로 보냈으나
무겁고 번거로웠다. 이후에는
조선 백성이 보이는 대로 코나 귀를 베어 소금에 절여 보냈다.*

인간이 다른 인간을 망설임 없이 살육하는 이유는 간단명료하다.

지금도 그렇다.

*일본 교토시에 있는 코 무덤은 임진왜란을 일으킨 도요토미 히데요시
 를 기리는 도요쿠니 신사豊國神社 건너편 공원에 방치돼 있다. 조선인
 12만 6,000여 명의 코가 묻혀 있는 것으로 전한다.

지랄 염병 난장판에
— 시인 조태일 선생을 생각하며

아무리 세상이 염병 지랄을 해도
손대지 말아야 할,
감히 건드려 볼 엄두도 못 낼 의미들이 있다. 그것은
'단식 투쟁' 같은 말.
수십 미터 높이 공장 굴뚝에서
비인간에 맞서는 인간의 마지막 저항. 그러나
정치를 한다는 것들이 국회의사당 로비에 텐트 치고 드러누워
생명이 위독하네, 눈 뜨고 못 볼 생쇼를 해대는 통에
처참하게 박살 나서 깨진 존엄의 의미. 그것은
'민주주의'와 '독재' 같은 말
돈다발 흔들며 민주주의 사수, 독재 타도를 입에 올리는 통에
파격 할인 상품이 돼버린 피의 의미.
아무리 염병 지랄을 해도
감히 건드려 볼, 엄두도 못 낼 몸짓들이 있거늘
코인과 주식은 무슨 사료이고 아파트와 땅은 또 어떤 사료이기에 삼시 세끼 뿌려대는

이 거대한 양어장의 주인은 누구인가!
현대식 돼지 축사의 밤낮없는 생산성을 축복하노니
차마, 사람이 그리운 세상아!
등골 오싹한 사람 人, 표창을 날려라.

그래서

소리소문 없이 온 국민이 먹고 있는 진통제 '이만하면정' 때문에, 세상은 인간적으로 바뀌었고
아픔은 정복되었다.
'그래도' 때문에 부끄러움이 사라졌다.
'그래도'는 분노까지 분리수거 했다. 아무도 신경 쓰지 않는
 화요일, 목요일 해 진 뒤
'그래서' 때문에 대화가 종말을 맞았다.
 한 사람 이후로 '이의 있습니다!' 목청껏 외치는 사람 본 적 있는가?
 비로소 권력은 자가 증식을 시작했다. '그러므로' 때문이었다.
'그러나'는 흔적만 남았을 뿐 주변에 쓰는 사람이 없다.
'설마'는 설마 설마 하다가 침묵으로 뭉뚱그려졌다.
'정말' 때문에 사랑이 온데간데없이 사라졌다.
 정말이다.

 부정 축재한 권력자, 야합한 자들이 편하도록 언어가 변

했는데

    더 큰 폐해는 남녀노소 그 말을 자기 것인 양 쓴다는 것이다.

    단 한마디로 부끄러움을 발기시키는 촌철살인!寸鐵殺人 욕이 사라진 시대

    그래서? 그래서 어쨌다는 건데!

    실어失語, 실어失語 싫어.

    못 견디게 이 시대가 실어失語

    인간으로서 사용할 말이 줄어들다가 종국에는 너나없이 유령이 되는 거야.

    그전에, 닳고 닳을 때까지 물건으로 소모될 거야.

비밀결사 '고구려'

　대통령 직선제 쟁취 후 몇 년이 지났다. 허름한 식당의 눅눅한 뒷방, 도착하는 대로 좌우에 앉은 다음 한 명씩 일어나 자기 소개를 했다.

　백수가 열이 좀 넘었고 학생이 둘이었다. 이름은 세 글자, 직업은 모두 두 글자. 공통점은 의외로 점성이 강했다. 꿈은 야무졌으므로 조직의 이름은 고구려. 조직 구성의 의의와 나아갈 방향을 설명하는 듯했는데 "우린 젊잖어유? 안 그려유?" 그 뒤로는 기억이 나지 않는다. 논리적으로 설명하기 힘든 치열함과 치기의 시절이었다. 우렁차게 손뼉을 친 후 총책이 말했다. "날짜 잡히면 연락할 테니께 한 명도 빠지지 말구유."

　고구려는 총책이 어렵사리 구해온 나일론 축구복을 입고 두당 만 원 시합에서 연전연승을 이어갔다. 투쟁 노선 때문에 고성이 오가기도 했지만 목표를 쟁취한 날에는 커다란 양은솥에 라면을 끓이고 낄낄거리며 소주잔을 들었다.

>

단체사진 한 장 남기지 않았으니 철저한 점조직, 비밀결사였다. 북조선에서 김일성 원수가 영면했다. 투쟁도 동력을 잃기 시작했다. 패배를 모르던 불굴의 조직이 처음 깨진 날, 흙먼지에 땀범벅이 된 조직원들은 서로 아무 말도 건네지 않았다. 조직 내에 성실한 납세자가 늘어날수록 승리를 쟁취하는 일이 쉽지 않았다. 두당 만 원은 조직의 목표가 되지 못했고 조직은 와해되었다.

느리더라도 사회가 변화·발전하고 있다면 조직의 당찬 목표, 굴하지 않았던 운동성, 뜨거웠던 투쟁심을 기억해주길. 그때 조직원들에게는 그게 다였으므로, 젊었으므로.

자본주의식

여든다섯 질구지 양반
점잖게 오토바이 타고 면 소재지 나가던 길
경찰에게 잡혔다.

안전모 미착용, 범칙금 2만 원짜리 딱지를 받아 드니
만세 소리, 포탄 소리가 뒤엉켜 들리는 듯 황망하여라.
이장이 소식을 듣고 당장 파출소를 찾아가
"마을을 지켜주는 경찰이 이럴 수가 있느냐?" 따진 모양인데
새마을운동 때 마을 대항 퇴비 증산 대회처럼
경찰서에서 각 파출소를 실적으로 줄을 세우고
본보기로 실적이 저조한 파출소장을 아주 개망신을 준 거라.

평소 같으면 손자 같은 경찰들이
"어르신, 사고 나면 위험하니 꼭 안전모 쓰고 다니세요."
공손하게 아뢰었을 것인데
위에서 아래로 아래로 사람대우 안 하고 쪼아대니

견디다 못한 손자뻘 경찰이 할아버지 뺨을 후려갈긴 모양새가 된 것이다.

법대로
자본주의식대로
힘 있으세요? 혹시 빽은 있으세요?
꼼짝 마!

선진국 국민

교통 사망사고 예방!
이륜차 안전모 미착용 단속 강화!
- 젖과 꿀이 흐르는 선진국 진입에 일익을 담당하자!

하필 골목에서 나와 순찰차 앞으로 내달리는 49cc 오토바이
저런, 개발도상국 국민을 봤나.
"오토바이, 우측으로 정지!"

어라? 전립선 약한 오토바이 멈추지 않고 부다다다 부다다다 용을 쓴다.
과속방지턱을 '턱'하고 넘는 찰라 '털썩'
바닥으로 떨어진 보통이. 그제야 쏜살처럼 튕겨 나가는 노란색 오토바이

매 만난 꿩처럼
건물 외부계단 아래 웅크려 있던*(본능이다.)* 보통이가 불려 나와

더 놀란 경찰 앞에서 연신 엉덩이를 문지른다.
(먼지가 묻어서 그럴 것이다.)

"내가 왜유? 우리 영감탱이? 먼저 간 지 오랜데?"*(사실이다.)*
"집에 모셔 드릴게요."
"여가 우리 집이유. 진짜유!"
(흔들리는 눈빛 속에서 땀 냄새가 느껴진 거야)

2만 원을 면한 꿀벌은 그날 저녁 어떻게 되었을까?
더 많은 꿀을 모으기 위해서는 더 많은 꿀벌이 필요할 것 같은
불길한 예감이 들었다.

황금 레시피

어떻게 지내?
살짝 단 정도?

너는?
좀 매워.

언제 밥 한번 먹자.
그래.

대화의 황금 레시피.
밀키트Meal Kit 혹은 레토르트Retort food풍*

사는 거요?
고민하지 마세요.
3분 정도만 외면하세요.

*알루미늄 봉지에 포장한 식품. 카레 등 즉석식품.

괜찮은 느낌

이 세계는 이제 틀렸어.
영원히 저물지 않을 거야.

담장의 붉은 장미를 찍고. 저장하고
먹음직한 음식을 찍고. 저장하고
사랑하는 사람을 찍고. 저장하고
찍히지 않은,
저장되지 않은 것이 없다.

사랑? 무슨 느낌인지 잘 모를 거야.
슬픔? 어떤 빛깔인지 헷갈릴 거야.
쓸쓸함은 어느 시간과 잘 어울리는지 기억나?
'갤러리'를 열어 봐.

영정 사진으로만 볼 수 있는 할아버지가 보고 싶을 때가 있어.
'플레이스토어' 목록에서 너를 보았어.
잠시 오랜만에 충격적이었다고나 할까?

괜찮은 느낌이던데?
그런데 유사한 이미지가 너무 많아 꼭 너라고 할 수는 없겠더라.

이 세계가 무한 확장을 하는 것인지 무한 환장을 하는 것인지,
아니면 나만 지랄하는 것인지.
하지만 분명한 것은 이 세계는 영원히 저물지 않을 거란 사실이지.

함경북도에 한번 가보고 싶다

 이것을 통일이라 부르지 않겠다.

 낡은 자동차로 동해안을 따라 두만강까지 올라가거나
 오송역에서 청진행 기차를 타거나
 청주 시외버스터미널에서 완행버스를 타고 사리원 근처 은파에서
 만두로 점심을 때우는 일
 서두를 일은 없으므로 자전거를 타고 금강산 단풍을 구경하다가
 산 아래 허름한 민박에서 며칠 묵는다든가
 튼튼한 두 다리로 걷지 못할 땅도 없으리.

 아무 연고도 없는 북한 땅을 가게 되면, 나는 제일 끝
 두만강 너머 러시아 땅과 맞닿아 있는 함경북도에 가고 싶다.

 온성군과 회령시, 새별군과 은덕군에 걸쳐 있던 종성군 鍾城郡의 흔적을 찾아

개울을 건너고 밭둑을 걷다가 일하는 사람들에게 붙들려
들밥 나눠 먹으며 건강한 사투리를 섞어도 좋을 것이다.
오후에는 비탈밭에서 감자 심는 일손을 거들며
우물가에 큰 느릅나무가 있었던 집을 수소문할 것이다.

행여 그 느릅나무를 찾는다면
백두산의 들쭉으로 빚은 들쭉술을 구해 인사로 대신하고 그 앞에서
김규동 선생의 시집 『느릅나무에게』를 낭송하고 싶다.

들에서 돌아오던 사람들이 하나, 둘 모여들어
"해그럼판에 여서 무스그 함매?" 수군거리면
노동으로 하루를 마친 사람들에게 천천히 허리 숙여 인사를 하고
"여기가 민족의 큰 시인 김규동 선생이 나고 자란 곳입니다."
말해주고 싶다.

벌금다지꽃

 순구네 부모가 자식 일곱을 걷어 먹인 비탈밭. 부모 돌아가고 자식들이 서울 사람에게 넘긴 땅. 순구네 식구도, 서울 사람도 찾지 않는 햇빛과 바람의 도래지.

 냉이는 갓 입국한 외국 노동자의 시린 밥상에 올리고 쑥색 치마 넓게 펼친 지칭개는 바락바락 쓴물을 빼서 질척질척한 난민촌의 텐트 안으로 건네고 벌금다지는 생으로 고추장에 버석버석 버무려 아이들을 키우고 있는 분쟁지역 노인에게 드리고 망초는 데치고 조물조물 무쳐 아무리 일해도 돈이 모이지 않는 가난한 나라, 가장의 멀건 점심에 보태고 쌉쌀한 황새냉이는 살길 찾아 고국을 떠난 애틋한 가족에게 주고 달맞이는 못 본 척 지나쳤다가 달밤 꽃으로 함께 보면 좋겠다. 민들레, 씀바귀는 조금 더 두고 보았다가 아이들에게 그 홀씨 대공을 건네면 세상 꽃 피지 않는 곳이 없으리. 누구에게나 참 좋은 순간이 있었길 빌며 좁쌀냉이 꽃은 쪼그려 앉아 바라만 보았다.

 사람 떠나 돌아오지 않으니 이 별의 처음이다.

쓸쓸해서 견딜 만합니다

2024년 9월 3일 초판 1쇄 발행

지은이   이성배
펴낸이   유정환
펴낸곳   도서출판 고두미
        등록 2001년 5월 22일(제2001-000011호)
        충북 청주시 상당구 꽃산서로8번길 90
        Tel. 043-257-2224 / Fax. 070-7016-0823
        E-mail. godumi@naver.com

ⓒ이성배, 2024
ISBN 979-11-91306-69-9   03810

※ 이 책은 충청북도, 충북문화재단의 후원을 받아 예술창작활동
   지원사업의 일환으로 발간되었습니다.
※ 책값은 뒤표지에 표시하였습니다.
※ 잘못 된 책은 구입한 곳에서 바꾸어 드립니다.